EUGÈNE DELACROIX

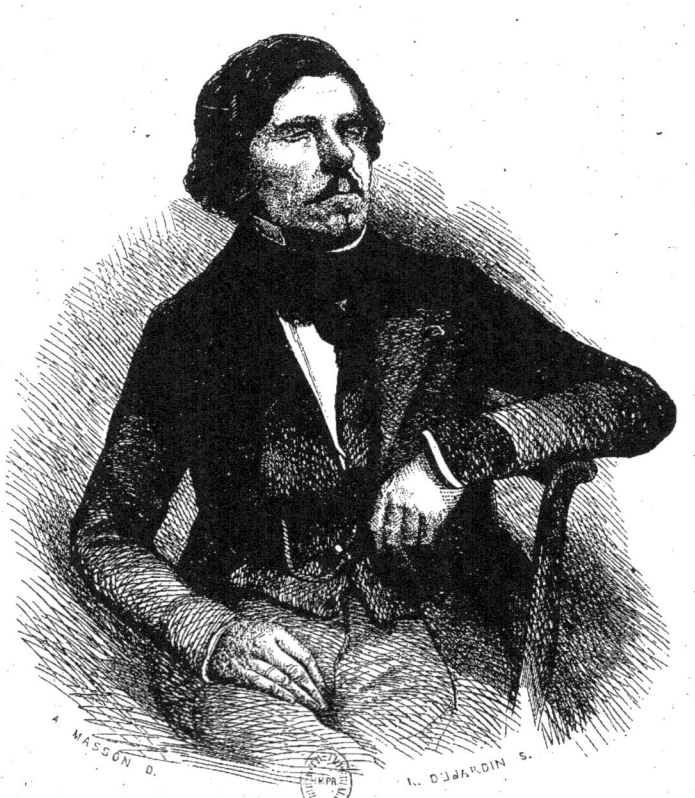

EUGÈNE DELACROIX.
(Gravure de l'*Illustration*.)

EUG. DELACROIX

A L'EXPOSITION

DU BOULEVARD DES ITALIENS

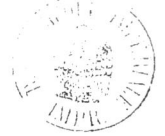

PARIS

TYPOGRAPHIE DE AD. LAINÉ ET J. HAVARD

ANCIENNE MAISON FIRMIN DIDOT

19, rue des Saints-Pères

1864

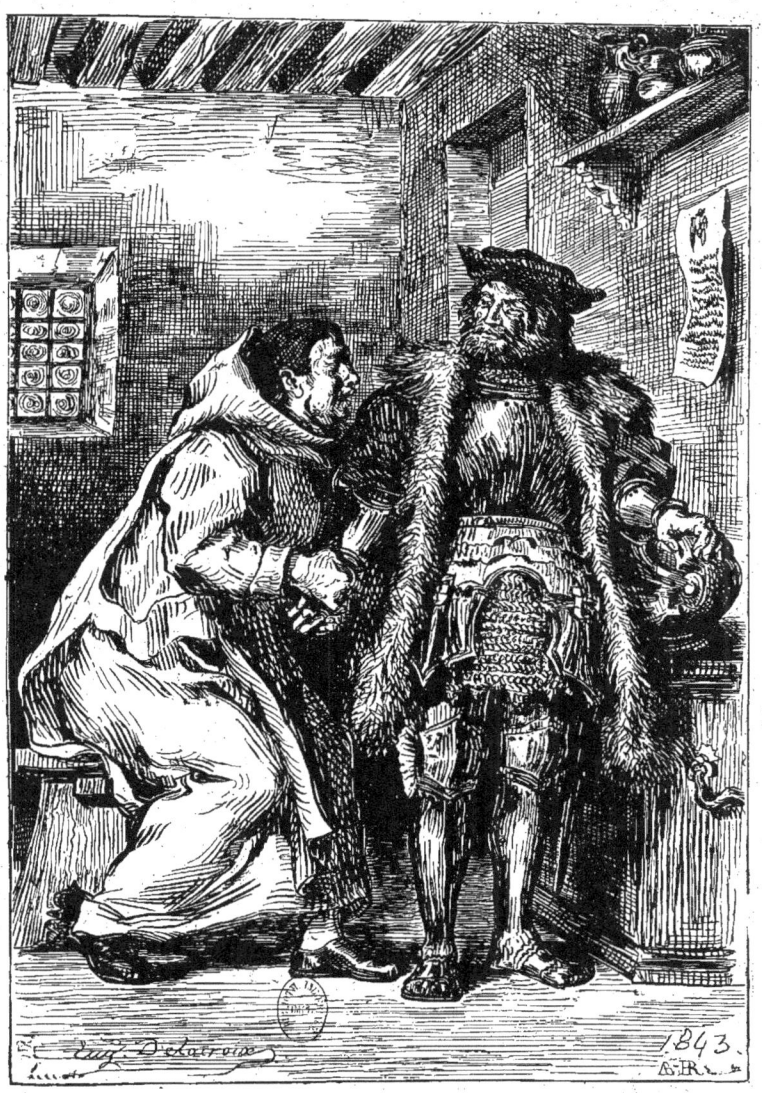

GOETZ DE BERLICHINGEN ET FRÈRE MARTIN.
(Gravure du *Magasin pittoresque*.)

EUGÈNE DELACROIX

L'HOMME ET L'ŒUVRE.

I.

Eugène Delacroix! quel nom! et déjà quels souvenirs! Eugène Delacroix a été la passion de notre jeunesse, et nous l'avons tous porté haut le bras, comme un drapeau. Qui tenait pour lui était des nôtres; qui l'attaquait, notre ennemi. Que l'on vînt du Midi ou du Nord, que l'on fût tête ronde ou jacobite, tory ou whig, on se reconnaissait frères à ce signe : — l'amour du maître! Quelle sincérité et quel élan! Comme on pleurait de rage de voir un si grand homme méconnu, conspué, nié, par la foule! Comme on pâlissait de colère en lisant ces articles qui le traînaient aux gémonies ! Chacun sentait vraiment sur sa joue la rougeur des affronts que recevait l'artiste.

A ces premières heures de la vie, on supporte avec impatience tout despotisme : le joug de la sottise, surtout, semble intolérable, et l'on s'imagine volontiers que pour le secouer il suffit d'une âme vaillante. L'escalade de l'Olympe n'intimide pas les jeunes courages : on croit avec ferveur, on aime avec passion ; en avant ! fais ce que dois et advienne que pourra !

Cette lutte généreuse dure plus ou moins, suivant les forces. Un jour on s'arrête pour prendre haleine et voir à quoi en est la besogne : hélas ! les uns après les autres, les vaillants ont succombé ; les rangs se sont cruellement éclaircis ; du bataillon sacré il ne reste que des débris, et l'ennemi est toujours là, compacte, serré, masse énorme, foule invincible ! Oh ! la foule ! de tout temps elle a mérité l'anathème des grandes âmes ; jusqu'à la fin des temps elle sera le *profanum vulgus* du poëte. Qui ne sait ses crimes, ses égarements, ses fureurs, ses adorations, ses lâchetés ? Toujours son despotisme imbécile pèsera sur le monde, et il me semble que plus la société se démocratise, plus le poids des sots devient lourd. L'art a besoin de respect autant que d'amour. Quel respect, quels amours connaissent les foules aveugles ? Le troupeau bêlant des moutons de Panurge n'est pas une vaine allégorie ; toujours la sottise fait fortune et rien n'est redit par plus de bouches que la banalité courante. C'est la foule qui accepte les opinions toutes faites, et qui les répète, de confiance, à satiété. Pour la foule M. Ingres n'incarne-t-il pas la ligne et Eugène Delacroix la couleur ? N'est-ce pas la foule qui rabâche depuis trente ans : — C'est dommage que Delacroix sache si peu dessiner ? Que de temps ne faudra-t-il pas encore pour convaincre ce troupeau servile que Delacroix était un aussi puissant dessinateur que M. Ingres est un maigre coloriste !

Pendant quarante ans, sans s'émouvoir, sans se lasser, avec une grandeur d'âme admirable, Eugène Delacroix a tenu bon contre la

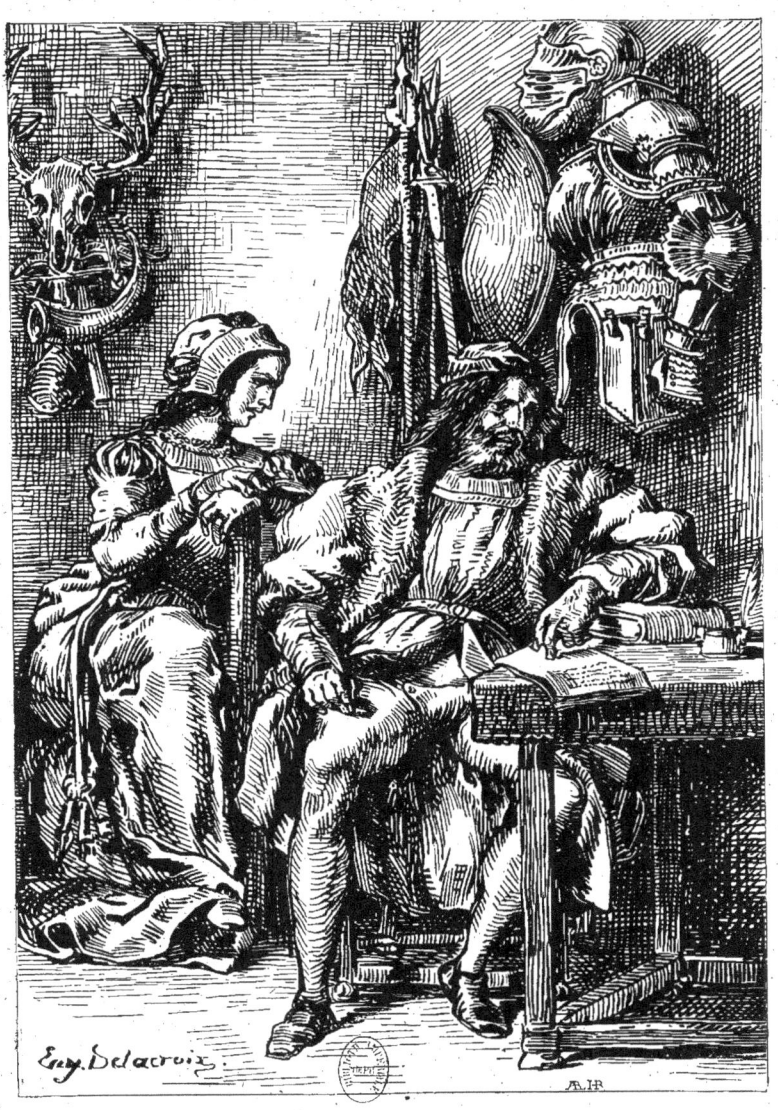

GŒTZ DE BERLICHINGEN ÉCRIVANT SES MÉMOIRES, ÉLISABETH SA FEMME.
(Gravure du *Magasin pittoresque*.)

foule ameutée des sots, des pédants et des cuistres. Quelle lutte ! Pour ces honnêtes gens, l'illustre artiste était une sorte de monstre, un ennemi public, un profanateur, un impie ! Contre lui, tout était licite ! Il fallait lui courir sus comme à une bête fauve, ou le parquer au moins, comme un lépreux ! Si par malheur un pareil homme parvenait à faire école, c'en était fait ! Goût, délicatesse, pudeur, règle, tradition, tout était perdu ! Ce n'était pas un pinceau que tenaient ses mains magistrales, c'était le *balai ivre* des barbouilleurs. Le *Pont de Taillebourg* était l'œuvre d'un sauvage, et l'*Assassinat de l'évêque de Liége*, la débauche furieuse d'un barbare. Lui-même, qu'était-il ? *Un singe* affublé de la défroque de Titien. Devant les magnifiques fresques de Saint-Sulpice, le chœur des dévots de la ligne s'écriait : — Il y a un enfer pour cette peinture ! — Ce n'était plus de la critique, ni de la polémique, ni de la discussion; c'était de la haine !

Eugène Delacroix affectait en apparence un grand dédain pour ces morsures, mais qui osera dire qu'elles ne l'aient pas cruellement fait souffrir? Aux rares amis qu'il honorait de sa confiance, il s'est plaint souvent avec amertume de l'infatigable injustice de ses détracteurs. La sensibilité du véritable artiste est prompte à s'effaroucher; pour s'épanouir tout à fait, il faut qu'il se sente soutenu par la sympathie publique. Comment se défendre du doute en face de ces dénigrements furieux ? Quelle âme assez ferme peut échapper aux défaillances des heures cruelles? Comme Antée, qui reprenait force en touchant terre, Eugène Delacroix raffermissait son courage en regardant les maîtres, ses prédécesseurs et ses frères. Devant Rubens, Titien, Véronèse, il oubliait les clameurs du dehors et se remettait à l'œuvre avec une superbe sérénité.

L'heure de la justice a été lente à sonner pour lui ; sans doute, le nombre de ses admirateurs allait croissant à chaque œuvre nouvelle; sans doute, tout ce qui sentait, tout ce qui pensait, tout ce qui vivait de la vie de l'esprit avait fini par épouser sa querelle, mais il n'arrivait pas encore à la masse du public, à cette popularité radieuse, patrimoine légitime du génie incontesté. Jusqu'à l'Exposition universelle de 1855, il a livré bataille comme aux jours de ses débuts, et ce n'est qu'en 1857 que l'Institut, entraîné par le courant victorieux, osait lui ouvrir ses portes augustes. Ses derniers jours ont été adoucis par la certitude du triomphe, mais il est mort épuisé aux premiers baisers de la gloire.

Lorsque, après son décès, dans les salles de l'hôtel Drouot, on vit ce prodigieux entassement de dessins, d'études, de croquis, qui donnaient en quelque sorte, jour par jour, le labeur infatigable du maître, un cri d'admiration s'échappa de toutes les poitrines. On comprit du même coup la grandeur de l'homme et la grandeur de l'œuvre. Ce fut comme une révélation !

A prix d'or, à tout prix, on se disputa les moindres traits de ce crayon glorieux; tout fut acheté, enlevé avec une fureur d'engouement ; on eût dit que le public se vengeait sur lui-même de ses dédains passés, et tenait à honneur de payer des prix fous : chaque enchère était un hommage.

Cette fièvre enthousiaste ne se démentit pas un instant. Amateurs, artistes, gens riches et pauvres diables, rivalisèrent entre eux jusqu'au bout. Les zoïles s'étaient enfuis épouvantés et se tenaient cois dans leurs tanières. Les fidèles laissaient éclater librement leur joie rayonnante, et saluaient les grandes enchères d'applaudissements frénétiques : ce fut vraiment un magnifique spectacle et de ceux qu'on ne peut oublier !

Je sais bien que quelques agréables railleurs, enfants terribles, esprits brillants, tout en surface, pris au dépourvu par cet engouement, firent des gorges chaudes sur la folie réparatrice de nos bourgeois, et déboutonnèrent leur gilet pour mieux rire. Avec l'aplomb des infaillibles et de la meilleure humeur du monde, ils nous prédirent le retour prochain, à quatre sous le tas, de ces mêmes dessins qu'on se disputait à outrance et répandirent quelques encriers d'ironie sur ces

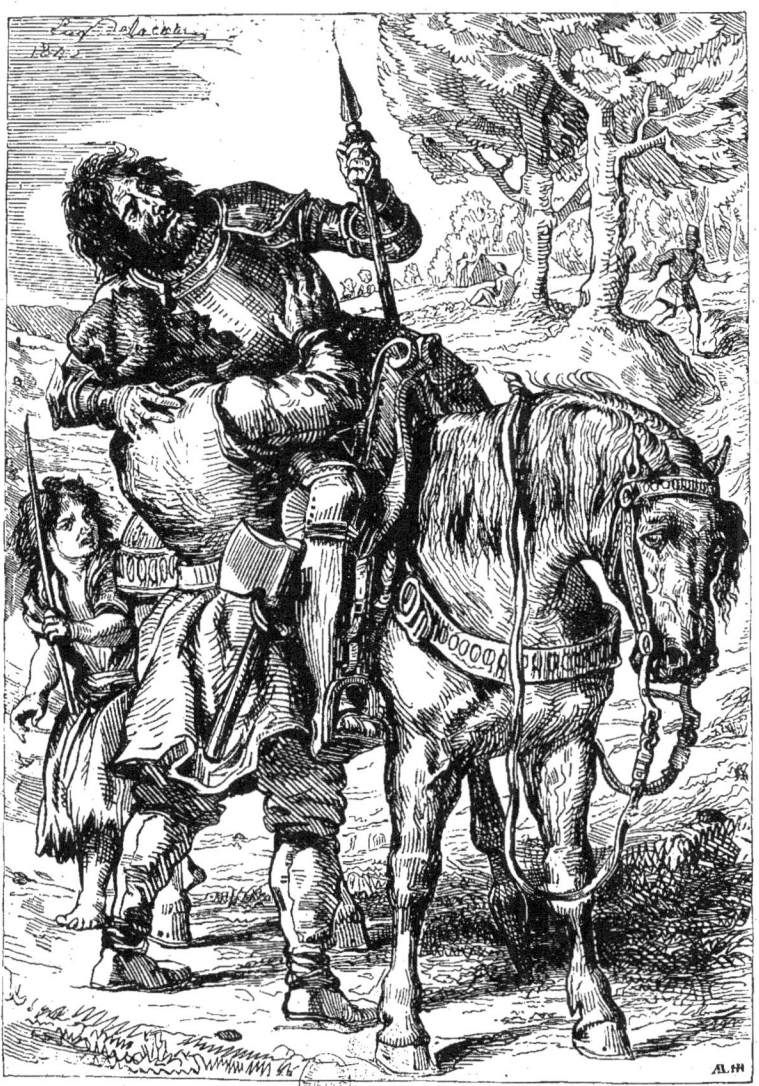

GŒTZ DE BERLICHINGEN BLESSÉ ET SECOURU PAR DES BOHÉMIENS.
(Gravure du *Magasin pittoresque*.)

connaisseurs de la dernière heure. Ceci n'a pas grande importance ; l'avenir réserve à ces aimables critiques de bien plus grands étonnements. Que diront-ils, dans dix ans, quand ils verront tel croquis ou telle esquisse, payés hier un gros prix, monter sans effort au quintuple? Les hommes de génie sont des plastrons d'airain, dangereux pour les jolies plumes, — et quand les auteurs de ces boutades seront à leur tour possédés du noble désir d'avoir quelque chose du maître, il leur faudra payer bien plus cher encore que les bourgeois qu'ils ont raillés.

Pourquoi ne le dirais-je pas, puisque je l'éprouve? C'est d'une main quelque peu tremblante que je trace ces lignes. Je sors de l'Exposition du boulevard des Italiens, je viens de revoir, presque entière, l'œuvre colossale du maître, et je suis encore tout ému, jusqu'au fond même des entrailles. Delacroix me produit en peinture l'effet de certaines symphonies de Beethoven en musique : plus on le regarde et plus les cordes intérieures vibrent et résonnent! le cœur bat plus vite, la poitrine se gonfle, on vit d'une vie toute nouvelle, d'amour, de vaillance, d'effroi, d'héroïsme! On comprend le dévouement, la lutte, le martyre, le sacrifice, toutes les nobles passions! Quelque chose de grand et d'épique se dégage de ces toiles intenses, pénètre dans l'âme même et la soulève. On oublie bien vite qu'on est un misérable bourgeois de ce temps, un pauvre homme en habit noir, et, pour suivre l'enchanteur, on enfourche sans hésiter l'hippogriphe fabuleux des rêves! C'est un vrai poëte, le plus séduisant, le plus entraînant des charmeurs, tour à tour terrible ou tendre, féroce ou sensible, éclatant ou sombre, aimable ou sinistre! Il touche, il émeut, il épouvante, il fait pleurer, il séduit, il fascine! L'amour, la jalousie, la vengeance, le carnage, le sang, les arbres, les sources, la mer, les bêtes fauves, les animaux domestiques, les fleurs, les rochers, les reptiles, le soleil embrasé, les glaces mornes, il a tout peint et de quelle main libre et fière! Il entre en maître dans tout domaine : le Nord, le Midi, l'Orient, sont tour à tour ses tributaires. Pour lui, la légende sacrée n'a pas plus de mystères que la mythologie ou l'histoire. Il peint l'Éternel, le Fils de l'Homme, la vierge Marie, les anges, les saintes femmes, les prophètes, les apôtres, les martyrs, et de la même main, les dieux, les déesses, les demi-dieux et les héros : *Jésus au Jardin des Olives*, *Diane au bain*, et le *Voyou* sur *la barricade !*

Amant passionné de toute poésie, il n'a pas cessé un seul jour de s'abreuver aux sources vives. Nul n'interpréta comme lui les grands poëtes, les pénétrant en quelque sorte, les faisant siens, et se liant à eux par d'indissolubles liens. On dit l'*Hamlet* de Delacroix à un aussi juste titre que l'*Hamlet* de Shakespeare ; *Faust* et *Gœtz de Berlichingen* lui appartiennent autant qu'à Gœthe.

L'ensemble de l'œuvre d'Eugène Delacroix donne une sorte de vertige : on reste confondu d'admiration et de respect devant ces témoignages de quarante ans d'un travail opiniâtre et infatigable. Quelle belle vie d'artiste ! et comme elle est pleine ! L'exposition du boulevard des Italiens est véritablement imposante, et suffirait certes à la gloire de l'artiste le plus fier, mais qu'est-elle en comparaison de l'œuvre même ? Sans compter les grands travaux décoratifs exécutés dans les palais et dans les églises et qui n'ont pu quitter leur place, que de pages manquent et des plus intéressantes ! *Sardanapale*, le *Prisonnier de Chillon*, les *Convulsionnaires de Tanger*, l'*Assassinat de l'évêque de Liége*, la *Mort de Valentin*, *Hamlet et les Fossoyeurs*, *Médée*, le *Sultan de Maroc*, la *Chasse aux lions*, *Clorinde chez les bergers*, la *Fête de la poudre*, les *Arabes de Mequinez*, *la Barque de Don Juan*, le *Triomphe de Trajan*, et combien d'autres encore, refusés par des esprits étroits qui n'ont pas voulu voir dans cette exposition ce qu'elle est avant tout : le premier hommage de la postérité.

Si peu d'hommes eurent des détracteurs plus haineux et plus acharnés qu'Eugène Delacroix, aucun homme en revanche n'eut des amis plus fervents. On n'aimait pas à demi un pareil homme, et qui l'avait aimé lui restait à jamais fidèle. Extrêmement sensible à l'éloge, il gardait une gratitude singulière à ceux qui ne craignaient pas de

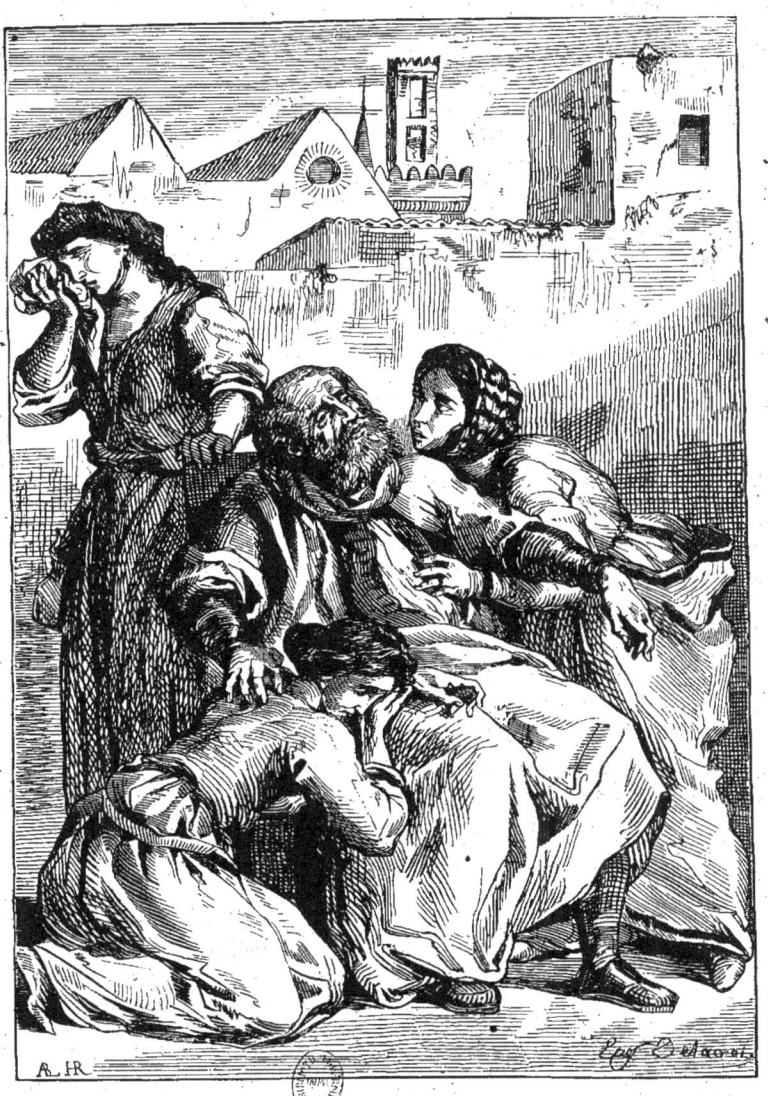

MORT DE GŒTZ DE BERLICHINGEN.
(Gravure du *Magasin pittoresque*.)

braver l'opinion publique en affirmant son génie. Autant une flatterie banale le laissait insensible, autant une louange délicate le charmait. Il reconnaissait la sincérité à l'accent, et jamais son amitié ne s'égara sur des indignes. Je n'entreprends pas de refaire ici la biographie de cet homme illustre sur qui tout a été dit et par les voix les plus éloquentes. Je ne tenterai pas davantage l'étude de son œuvre, car cette étude n'est plus à faire. *La Barque de Dante*, la *Prise de Constantinople par les Croisés*, la *Bataille de Nancy*, le *Pont de Taillebourg*, le *Massacre de Scio*, la *Noce Juive*, la *Mort de Marc-Aurèle*, *l'Amende honorable*, la *Barricade*, le *Triomphe de Trajan*, *Marino Faliero*, les *Femmes d'Alger*, toutes ces grandes pages, tous ces chefs-d'œuvre ont trouvé d'ardents apologistes et sont aujourd'hui acceptés de ceux même qui les ont si longtemps niés. C'est là, si j'ose ainsi dire, le grand bagage de Delacroix. Mais il est un autre Delacroix, moins imposant, plus intime; le Delacroix des dessins, des croquis, des petits cadres; le Delacroix du premier jet, de l'ébauche, de l'esquisse, et je le trouve si intéressant, si curieux, si instructif, si surprenant, si rare, que c'est à lui plus particulièrement que nous nous arrêterons, s'il vous plaît.

II.

L'esquisse est le triomphe de Delacroix. Nul n'a eu la main plus vive pour fixer en traits rapides les conceptions enflammées du génie. Son pinceau brûlant semble voler sur la toile, et la composition se dégage d'un jet, sans hésitation, sans refroidissement, palpitante comme la vie. Lumière, perspective, profondeur, mouvement, tout se trouve dans ces touches hâtives dont la sûreté vous confond. L'harmonie naît d'emblée, en quelque sorte, et l'œuvre définitive, lentement peinte, profondément étudiée n'ajoute que la perfection matérielle à ce prime-saut prodigieux. Sans doute, bien des détails seront modifiés, dans l'exécution en grand, mais ce qui persistera, c'est cette valeur d'ensemble, atteinte du premier coup. Les toiles de Delacroix semblent être sorties toutes faites, de son cerveau, comme autrefois Minerve, tout armée, du front puissant de Jupiter.

Arrêtez-vous un moment devant cette admirable esquisse du *Pont de Taillebourg*, plus belle peut-être que le tableau même. Quelle mêlée! quels coups! quel carnage! entendez-vous les cris, les imprécations, les hennissements des chevaux, le sifflement des flèches, le choc des armures, dans cette lutte corps à corps? Le saint roi Louis, emporté par son ardeur, est engagé dangereusement en avant des siens; avec quel emportement furieux les Français s'élancent au secours du roi! Ils s'entassent sur l'étroit passage et se foulent pour arriver plus vite! d'autres traversent la rivière à la nage et se cramponnent aux bords escarpés; rien ne résistera à cet ouragan d'hommes, impétueux comme un fleuve qui rompt ses digues!

Et *Boissy d'Anglas?* est-il possible d'imaginer quelque chose de plus tumultueux, de plus affolé, de plus sinistre que cette foule déguenillée qui encombre l'hémicycle? Voilà bien l'émeute, l'insurrection, l'effroyable flot populaire, aveugle et irrésistible! Quel bruit épouvantable! quelles clameurs! quel délire! En suivant les claires visions de son cerveau, le maître trouve infailliblement le véritable aspect des choses : la conception poétique le sert avec une sûreté étonnante : tous ceux qui ont vu, en 1848, l'invasion de l'assemblée au 15 mai, s'arrêteront émerveillés devant cette fidèle image d'une scène qui est toujours la même quand le malheur des temps la fait se renouveler.

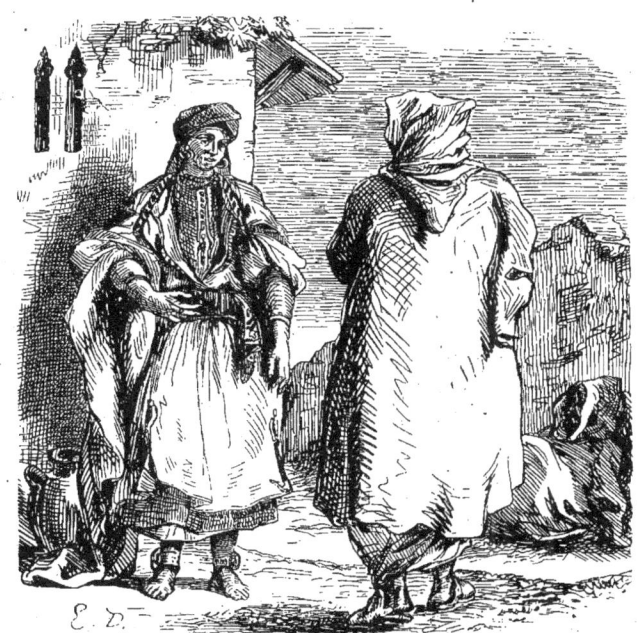

COSTUMES MAURES.

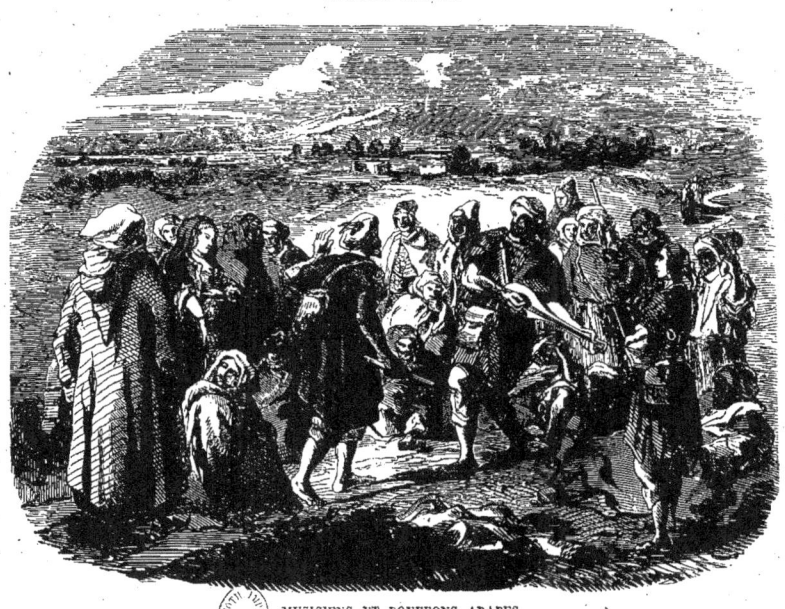

MUSICIENS ET BOUFFONS ARABES.
(Gravures de l'*Illustration*.)

Delacroix possède au plus haut degré ce que j'appellerai le sentiment des foules : son génie se plaît dans les entassements d'hommes, et nul n'a rendu comme lui l'intensité des tumultes. Voyez *Attila* suivi de ses hordes, foulant aux pieds de son cheval l'Italie conquise et ses monuments ; *Botzaris* surprenant le camp des Turcs au lever du soleil ; le Téméraire à la *Bataille de Nancy*, et le roi Jean à la *Bataille de Poitiers*, et combien d'autres encore !

Comme les poëtes, Delacroix devine. On ne peut même concevoir que les choses aient pu se passer autrement qu'il ne les a peintes. Le *marquis de Dreux-Brézé* signifiant aux gens du tiers la volonté du roi, n'a pas pu avoir une autre attitude que celle que l'artiste lui prête en face de la foudroyante apostrophe de Mirabeau. Quelle composition simple et puissante ! Voilà bien les deux adversaires en présence, l'ancien régime et la révolution. Le marquis, suivi des massiers du roi vêtus de dalmatiques fleurdelisées, magnifiquement vêtu lui-même, élégant, mince, fin d'attaches, personnifiant de la façon la plus noble l'ancienne cour, et incarnant toute une époque ; les gens du tiers, dans la sévérité uniforme de leur costume, affirmant déjà l'égalité civile, dont la conquête va coûter tant de sang et justifier tant de crimes ! C'est un duel véritable et le plus saisissant qu'on puisse imaginer ! *Sardanapale* résume avec un éclat incomparable toutes les splendeurs orientales et traduit admirablement l'apathique stoïcisme de l'Asie. *Marino Faliero* doit être ainsi mort avec cette pompe, cet apparat, cette magnificence vénitienne. Qu'est-ce que *Justinien*, sinon l'élégance byzantine dans le plus bel épanouissement d'une époque en décadence ? Qu'on ne vienne pas me dire que ce Bosphore lumineux qui étincelle derrière Baudoin de Flandre à l'*Entrée des croisés à Constantinople*, n'est qu'un Bosphore de fantaisie. Tant pis pour l'autre, s'il ne ressemble pas à celui que Delacroix a créé, qu'il avait vu des yeux de l'âme, vrai Bosphore des rêves poétiques, mer bleue des Mille et une Nuits !

Je salue en passant *le Tasse* dans la maison des fous et *Clorinde* sur son bûcher : je m'arrête devant ce cuirassier mourant qui se soulève, le *Soir d'une bataille*, au milieu des cadavres de chevaux qui l'entourent. *Ophélia*, entraînée par les eaux, *Othello et Desdémone*, le *Giaour*, le *Sabbat de Faust*, *Macbeth*, *Renaud et Armide*, la *Mort de Polonius*, le *Roi Lear*, me sollicitent tour à tour et me charment et m'enchantent : Tasse, Shakespeare, Gœthe, Walter-Scott, revivent dans ces petites toiles qui semblent grandir sous l'œil qui les regarde. Je ne peux tout citer, on le comprend, mais comment ne pas signaler ce bijou intitulé *le Lever*, où la beauté même, dans la plénitude de ses formes, dans son éblouissante nudité, peigne ses cheveux d'or de ses mains nonchalantes ? Derrière le miroir, Satan ricane. Il a raison. Ce beau corps n'est pas seulement la tentation, c'est la chute ! Qui résisterait à cette fille d'Ève, plus blonde peut-être que sa mère !

La peinture religieuse exige avant tout une grande âme et un cœur profond. L'artiste peut ne pas avoir la foi des maîtres primitifs, mais qu'importe s'il s'apitoie sincèrement devant la Passion du Sauveur, ou le désespoir de Marie ? Le premier but de l'art est d'émouvoir les âmes, et les tableaux ne sont pas faits pour soutenir des thèses de philosophie. Le *bon Samaritain*, relevant le blessé, le portant sur son cheval, l'entourant de soins, est d'un enseignement plus direct que n'importe quel philosophe discourant sur la fraternité, entouré des attributs les plus clairs. Le volontaire courant à la frontière me représente bien mieux l'amour de la patrie, qu'un personnage symbolique monté sur une estrade, avec une légende au-dessous, les faisceaux vengeurs, les droits de l'homme, les drapeaux et le reste ! Montrez-moi des êtres agissants, vivants, des héros en action, et ne vous imaginez pas que vous avez fait un saint parce que vous avez peint une auréole autour d'une tête banale.

Delacroix ne croyait pas qu'une tunique rouge et un manteau bleu fussent suffisants pour exprimer la divinité du Christ. Il s'est évertué, au contraire, à en faire un type de suprême noblesse : dans ses toiles on reconnaît toujours le *Fils de l'Homme* à sa marche, à ses gestes, à

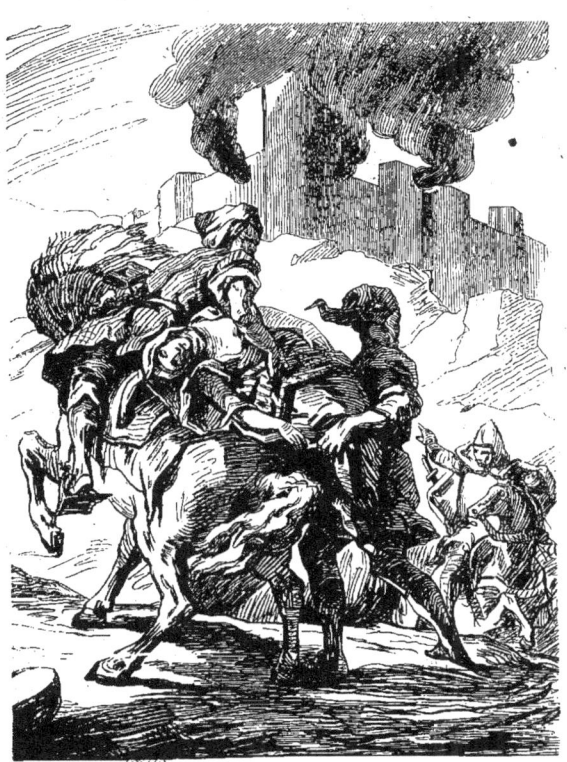

L'ENLÈVEMENT DE REBECCA.
(Gravure de l'*Illustration*.)

sa pose, et jusque dans son sommeil majestueux. L'artiste s'est gardé de rien demander à cet archaïsme puéril qui prétend exprimer la pureté de sa foi par la sécheresse de ses lignes. Il a négligé de parti pris ce symbolisme glacé, qui ne dit rien à l'âme et ne satisfait l'esprit qu'à grand effort. Les chairs de ses martyrs sont meurtries, déchirées, pantelantes, livides ; le sang coule, se refroidit et se fige; la souffrance tord les membres et contracte les visages. Aucune convention, aucune tricherie! Voilà la cruelle réalité, dans son horreur, dans sa vérité saisissante.

Ce *Christ au roseau*, c'est bien le Christ de l'Évangile, ruisselant de sueur sanglante, risée des servantes et des soldats. Ce *Christ portant sa croix*, comme il succombe réellement sous le poids du gibet infâme! J'entends *Jésus mourant* crier vers son Père pour lui reprocher son abandon. La Vierge désolée des *Pietà* résume toutes les douleurs des mères ; les *Madeleines* pleurent toutes les larmes du repentir. *Saint Étienne* est vraiment lapidé et *saint Sébastien* percé de flèches déchirantes. Eugène Delacroix n'a pas besoin d'attributs pour expliquer sa toile. A première vue elle me saisit, et l'émotion qu'elle me donne prend source, j'en suis sûr, dans son cœur pathétique, ému de pitié plus que moi-même.

Le *Saint Étienne* et *les Disciples d'Emmaüs* figuraient à cette exposition de 1853, qui me fit faire mes premières armes comme *critique d'art*. Ce n'est pas sans un certain plaisir que je viens de relire ces lignes de ma jeunesse, et j'éprouve une sorte de fierté à les réimprimer à onze ans de distance sans avoir un mot à changer.

«M. Delacroix reste le maître de cette exposition comme il l'était des expositions précédentes. J'aime M. Delacroix et je crois que c'est un des hommes qui honorent le plus notre pays ; j'aime sa conscience, son inquiétude, son infatigable recherche et l'audace de ses tentatives. Il est vivant, il est humain, il émeut, il charme, il étonne! C'est une nature virile, qui croit en lui-même et que rien n'ébranle dans sa foi. M. Delacroix est à coup sûr la plus puissante individualité de ce temps-ci.

« Hors de la ville, le long des remparts, le saint diacre Étienne vient d'être lapidé en témoignage de la foi nouvelle qui va changer le monde. Des disciples et de saintes femmes relèvent pieusement le corps pour lui donner la sépulture. Sur le devant, une femme agenouillée étanche le sang du premier martyr.

« L'aspect général de cette composition est des plus saisissants. Le cadavre de saint Étienne dans ses habits sacerdotaux est d'une réalité hardie et émouvante : cette tête, livide, sanglante, fracassée, donne le frisson à qui la regarde. Le corps s'affaisse dans les bras des fidèles avec un mouvement d'une vérité étonnante. Le paysage est superbe : tout concourt franchement à l'harmonie de l'ensemble, les murailles, la terre et le ciel embrasé.

« Comme toujours, la critique s'acharnera à certains détails qui seraient des incorrections si on ne savait quels sacrifices M. Delacroix fait très-résolûment à l'effet général. J'entends d'ici la clameur contre les mains et les bras dont l'exagération est sensible ; mais ce qu'on n'enlèvera jamais à cette œuvre, c'est l'émotion qu'elle contient et qu'elle communique. Vu à une certaine distance, le cadre s'agrandit d'une façon singulière, et plusieurs fois il m'a donné l'illusion d'une toile de vingt coudées.

« *Les Pèlerins d'Emmaüs* sont d'une proportion plus réduite, mais d'un charme, d'une harmonie, d'une couleur et d'une franchise tels, qu'ils m'attirent encore davantage. Dans la maison d'un des disciples la table est chargée des débris d'un souper confortable. Ce disciple est sans doute un notable de la bourgade, et il a voulu traiter honorablement l'hôte inconnu qui l'a rejoint sur la route. Lui-même a bien dîné, trop bien dîné peut-être, car les nouvelles de Jérusalem sont fort tristes, et le Rédempteur vient d'être honteusement supplicié comme un bandit. Jésus debout, rompt le pain et le bénit ; à ce moment l'autre disciple le reconnaît et recule en s'écriant : au fond, sur

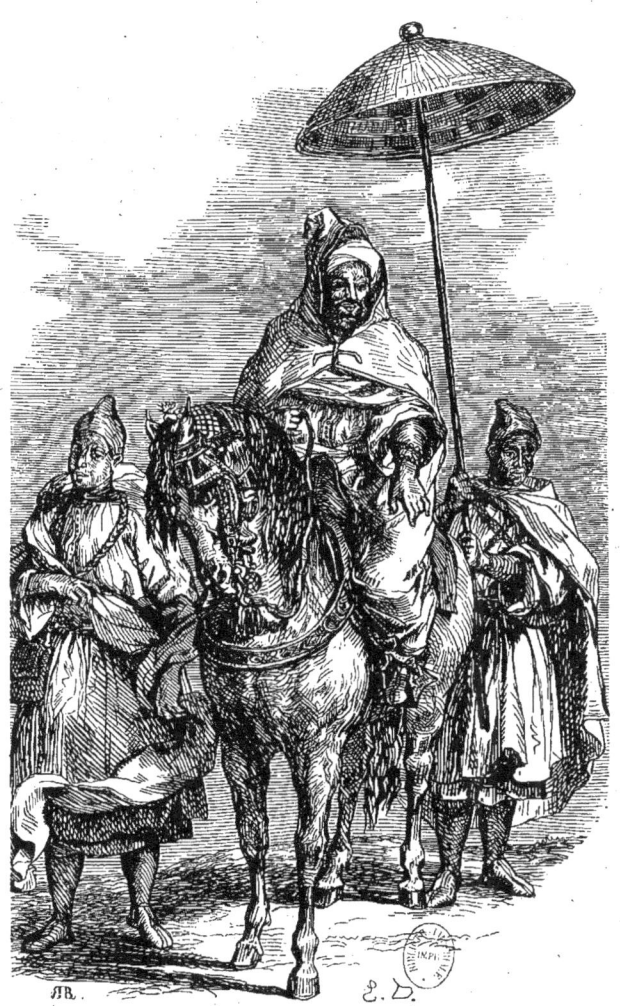

L'EMPEREUR MULEY ABDDER-RAMAN.
(Gravure de l'*Illustration*.)

les marches d'un escalier tournant, une petite servante s'arrête indécise.

« Cette petite toile est une vraie merveille : noblesse, vérité, puissance, harmonie, grâce et finesse, tout s'y trouve. Le Christ est divin. La jolie servante qui descend l'escalier est une des plus gracieuses figures que je connaisse, et je ne reproche guère à cette composition que le bon disciple qui a si bien dîné et qui, habit déboutonné, tend encore la main à son verre. J'ai peine à croire que cet homme si bien portant se soit senti le cœur brûlant sur la route pendant que le Christ commentait les Écritures : *Nonne ardebat cor nostrum in pectoribus?* dit pourtant le texte sacré. »

Jésus endormi dans la barque pendant la tempête est un des sujets que Delacroix a le plus caressés, et auquel il semble revenir avec une singulière complaisance; tout le séduit dans cet épisode : les flots soulevés, le ciel noir d'orages, les voiles déchirées par le vent, l'épouvante des nautoniers, et, par-dessus tout, le doux sommeil du Sauveur au milieu des révoltes de la nature. Une ou deux fois peut-être, comme dans ce lumineux petit tableau de *la Mer à Dieppe*, Delacroix a peint la mer dans son calme; mais qui dira le nombre de fois qu'il l'a peinte dans ses fureurs? Il aime passionnément, on le sent, le mugissement des vagues, le roulement du tonnerre, le déchaînement des vents, et il a traduit avec une intensité inconnue jusqu'à lui la profondeur effrayante et l'infini vertigineux des eaux. Rappelez-vous cette toile superbe qu'on nomme *la Barque de Don Juan*, et dites-moi si son souvenir seul ne suffit pas pour vous donner le frisson. Quel est le peintre de marine qui a jamais produit un effet pareil? C'est dans cette interprétation majestueuse de la nature que se révèle une fois de plus la grandeur d'âme de l'artiste.

Le génie de Delacroix est attiré vivement par tout ce qui est noble, imposant, tragique; c'est le peintre des passions et des douleurs déchirantes. Angoisses, sanglots, désespoirs, crimes, tortures, agonies, rien ne fera reculer son pinceau, avide d'émotions cruelles. Comme les grands tragiques grecs, il voit l'homme sans cesse victime de l'implacable fatalité, condamné aux labeurs sans relâche et aux luttes sans merci. Dans cette accumulation de misères, de douleurs, de déchirements de toutes sortes, il y a peu de place pour la gaieté. Jamais il ne fait sourire; rire, moins encore. Sans doute il cède souvent à la grâce; mais dans son plus grand abandon quelque chose de sérieux persiste. Il a la gravité douce des cœurs généreux, brisés dans leurs illusions, dépossédés de leurs chimères, qui refoulent au fond de leur âme l'amertume que l'ironie fait à chaque instant monter à leurs lèvres.

Le petit, le chétif, le vulgaire, n'a aucun attrait pour lui : je ne sache pas qu'il se soit jamais avisé de peindre un canard, un lapin, un moineau, une poule de basse-cour. En revanche, comptez, si vous le pouvez, le nombre de ses lions, de ses tigres, de ses panthères, de toutes ces bêtes féroces avec lesquelles il semble vivre d'une vie familière, et dont il connaît les mœurs, les instincts, les passions, les fureurs, mieux qu'un professeur du jardin des Plantes.

Quel goût passionné n'a-t-il pas pour le cheval, et comme on sent qu'il aime profondément cette noble bête! Le cheval de Delacroix est presque une créature humaine : il l'associe à toutes les actions de ses héros; il lui prête leurs passions; il lui fait partager leurs rivalités ou leurs périls. Dans les mêlées, le cheval est toujours à la place d'honneur, et sa vaillance s'affirme par l'éclat étincelant des prunelles et la fumée ardente des naseaux. Le *giaour* et le *pacha* fondent l'un sur l'autre avec furie; mais qui est le plus furieux des chevaux ou des cavaliers? Quels efforts ne fait pas, pour rendre du champ à son maître, le cheval du Téméraire enfoncé jusqu'au poitrail dans la vase de Nancy? A la bataille de Poitiers, qui fait un dernier rempart au roi Jean? Le cadavre de son coursier. Le cheval du *Sultan Abderraman* n'a-t-il pas l'air d'avoir conscience qu'il porte un petit-fils du Prophète? Regardez le palefroi de Baudoin entrant à Constantinople: ne semble-t-il pas que ce brave cheval, venu du fond des Flandres,

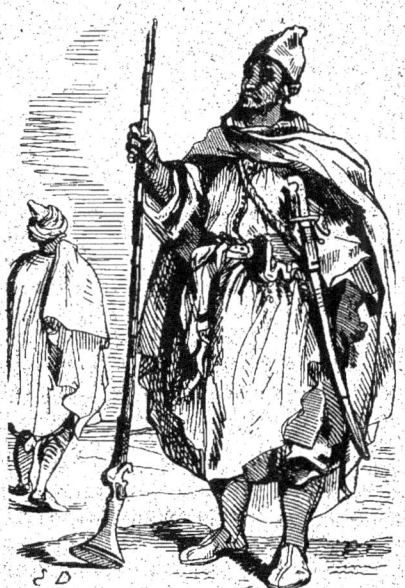

SOLDAT MAROCAIN.

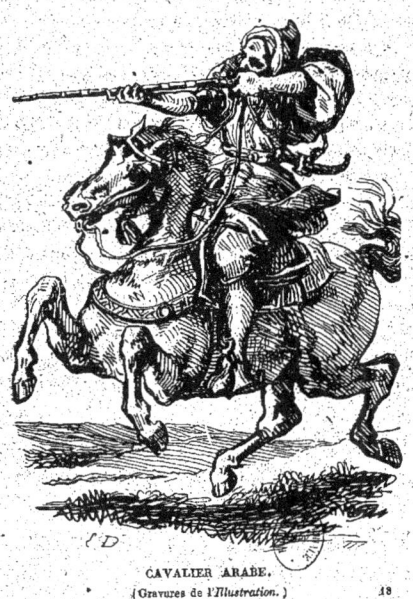

CAVALIER ARABE.
(Gravures de l'Illustration.)

est aussi ébloui par l'Orient que son propre maître? Il écarquille des yeux démesurés, flaire le sol et n'avance que d'un pied hésitant, osant à peine fouler les tapis précieux et les belles armes qui jonchent le sol. Un poëte seul trouve de ces choses-là !

Delacroix adorait les fleurs, et les peignait avec amour. Sa vente a révélé par centaines des études charmantes faites des moindres brindilles qui lui tombaient sous la main. Son tempérament le portait à choisir les fleurs les plus éclatantes, et je crois volontiers que c'est à elles que nous devons l'incomparable éclat des tons audacieux qui étincellent dans ses toiles.

Comme paysagiste, Delacroix marche de pair avec les plus grands maîtres. Il connaît à merveille tous les jeux de la lumière et de l'ombre, la loi des perspectives, la loi des transparences, et c'est comme en jouant qu'il aborde les plus grandes difficultés. Il ne fait pas du paysage proprement dit, comme l'entendent de nos jours ces peintres de bouts de forêts, de petites mares et de mottes de terre, qui se prennent si volontiers pour des maîtres; son paysage est un cadre dans lequel ses figures se meuvent en liberté, et dont les lignes sombres ou riantes ajoutent à l'horreur ou à l'éclat de la scène. A perte de vue, le champ de *bataille de Nancy* est sinistre comme la déroute : par contre, le paysage de la *Prise de Constantinople* semble rayonner comme la victoire. Dans l'*Éducation arabe*, dans le *Chef marocain visitant une tribu*, comme dans les *Bouffons et musiciens arabes*, l'horizon lumineux et tranquille s'harmonise à ravir avec ces scènes paisibles. Le *Campement arabe* est un prodige de silence et d'immobilité. Si l'artiste fait monter le Christ au Calvaire, ce sera par un chemin aride et désolé, véritable *voie douloureuse*, et sous un ciel noir de tempêtes. S'il fait rugir une panthère, attendez-vous à l'horreur des solitudes, aux rochers, aux antres inaccessibles. Le fleuve romantique qui emporte Ophélia ne sera pas choisi pour le bain de Diane malgré sa transparence et l'ombre de ses rives.

C'est un poëte, je ne saurais trop le répéter, il voit tout en poëte, et il apporte dans l'étude de la nature, comme en toutes choses, un sentiment profondément poétique; c'est là peut-être tout le secret de la prodigieuse harmonie de ses œuvres.

III.

Si l'on doit entendre par dessin la seule précision des contours et la netteté graphique des lignes, je conviens volontiers que Delacroix était un dessinateur contestable. Pour les grands prix de Rome, qui passent le reste de leur vie à décalquer et à fourrer partout où ils le peuvent la Vénus de Milo, la Diane de Gabie, l'Antinoüs, le Gladiateur, ou la Polymnie, accommodés au goût du jour, je comprends très bien l'aversion profonde que Delacroix peut leur inspirer : ce n'est pas à des nez droits et des draperies correctes que le maître demande l'expression exclusive de beau. Sa main ardente se montrait singulièrement inhabile pour cette besogne patiente où le compas et la mie de pain jouent un rôle si important. Son crayon suivait au galop les bouillonnements de son âme et traçait à grands traits les masses d'ensemble, s'attachant exclusivement à rendre la saillie des corps, leur volume, le geste, le mouvement. On sent que ce qui le préoccupe avant tout, c'est le caractère, l'accent, l'expression, et c'est de parti pris qu'il néglige toutes minuties. Cette recherche constante du caractère suffit même à expliquer ces incorrections qu'on lui reproche et qui sont toujours, chez lui, volontaires. Si Delacroix s'imagine qu'en allongeant un bras, il rendra le geste plus pathétique, tenez pour cer-

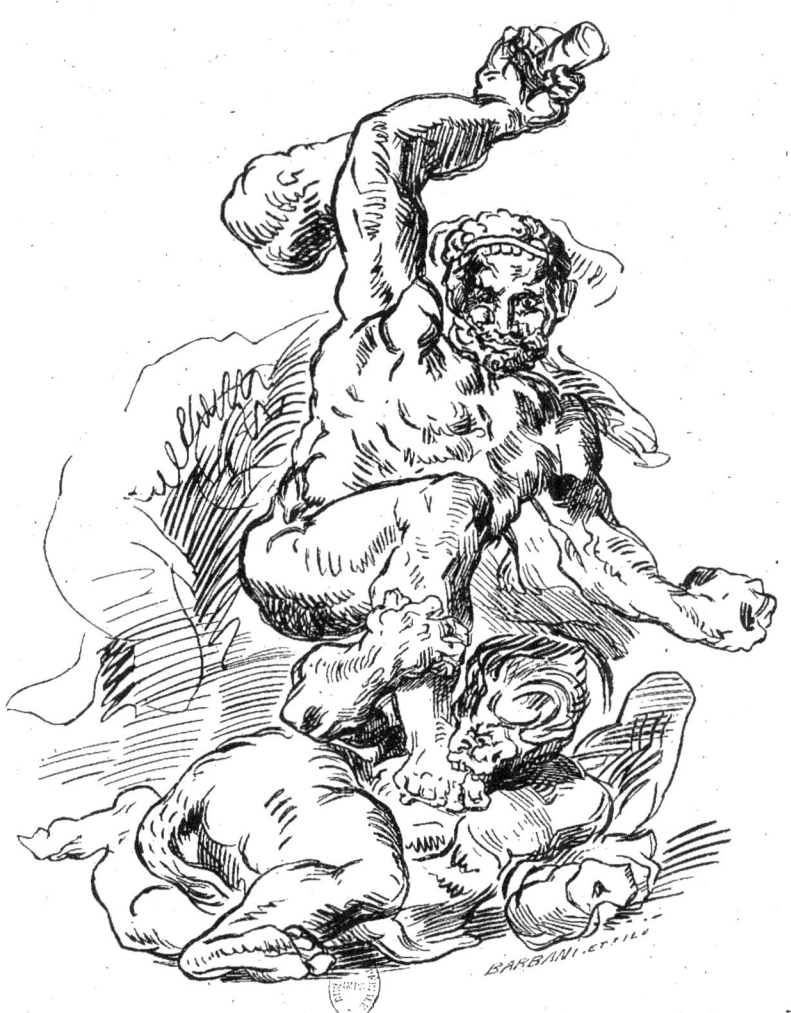

HERCULE TERRASSANT UN MONSTRE.
(Gravure de l'*Autographe*.)

tain qu'il allongera ce bras sans hésiter ; il fera sortir de leurs orbites les yeux effarés par l'effroi; le désespoir tordra les bouches et les convulsera sans mesure ; il est homme à grandir la taille des géants, hors de toute proportion, s'il doit tirer un grand effet de cette exagération résolue. L'énergie du mouvement, l'intensité de l'expression, la vie, voilà ce qu'il cherche et qui pour lui passe avant toutes choses.

A-t-il tort? a-t-il raison? Ce n'est pas une querelle nouvelle que celle qu'il est venu raviver. C'est toujours le vieux duel de la vie et de la mort, du mouvement et de l'inertie, de l'orthodoxie immobile et de l'hérésie vivante. Je crois qu'il a raison, pour ma part, et tout dans la nature m'affirme aussi qu'il a raison. La régularité tranquille des physionomies ne disparait-elle pas sous l'action de tout sentiment passionné? L'homme qui recule frappé d'épouvante, qui tombe foudroyé, qui vole au secours de son enfant, qui arrache sa femme aux flammes de son toit, l'homme qui pleure, qui crie, qui souffre, qui triomphe, qui se venge, qui raille, qui jalouse, ne sort-il pas à chaque instant de cet équilibre parfait dont l'Académie s'est fait un idéal puéril et qu'elle ne supporte pas qu'on dérange? Il serait facile de prouver que Raphaël lui-même n'hésite pas à désarticuler un torse ou à exagérer des formes, toutes les fois qu'il sent la nécessité de sacrifier un détail aux exigences de l'ensemble.

Le crayon de Delacroix est essentiellement généralisateur. Aussi est-il passé maître en croquis, et ses moindres traits ont-ils un caractère étonnant. Parfois, il s'arrête avec plus de complaisance sur un sujet qui lui plaît, et alors, à la stupeur des idolâtres, il pousse l'exécution jusqu'à la perfection même, et l'atteint sans effort. L'*Éducation d'Achille* serait l'orgueil légitime du plus grand linéiste, quand il ne serait pas un chef-d'œuvre de mouvement, d'élan, de vie. Imaginez un plus beau centaure que ce vieux Chiron, un plus beau, plus souple, plus nerveux, plus élégant jeune homme que cet Achille! Par une clause spéciale de son testament, ce dessin avait été expressément désigné par Delacroix pour figurer à sa vente. On comprend cette recommandation du maître jaloux de sa renommée. Ce dessin est le démenti le plus véhément donné à toutes ces accusations banales qui traînent partout. Osez encore soutenir, en face de cette petite merveille, que Delacroix ne savait pas dessiner! Il ne dessine pas comme tout le monde, c'est très-vrai, mais qu'est-ce qu'un dessinateur pourrait lui apprendre qu'il ne sache? Quand sa fantaisie l'y pousse, il fait des croquis dans le goût de ceux de l'École, et qui le surpasse? Les *Jeunes Filles de Sparte* s'exerçant à la lutte ont la pureté exquise des profils grecs, et l'Aspasie du *Groupe de Grecs illustres* fait penser aux plus belles statues antiques.

Comment ne pas s'arrêter devant ce grand dessin à la plume intitulé *la Montée au Calvaire*? J'ai vu, depuis vingt ans, bien des dessins de maîtres, et des plus illustres, et je n'hésite pas à placer celui-ci à côté des plus beaux qu'il m'a été donné de voir. Quel Christ plus écrasé, plus à bout de forces, plus lamentable, plus vraiment digne de la pitié des saintes femmes? Où voir des cavaliers plus fiers et des bourreaux plus hideux? Fermeté, netteté, largeur, tout affirme la main magistrale, prompte, sûre d'elle-même, familière avec les obstacles.

L'énumération seule des dessins de Delacroix m'entraînerait hors de toutes limites. Je me contente de signaler les plus frappants : *Le Tasse chez les fous*, *Desdémone maudite*, le *Passage du gué*, *Hérodote consultant les Mages*, *Héliodore chassé du temple*, la *Mort de Lara*, le *Tigre blessé se désaltérant*, le *Combat d'un homme et d'une lionne*, le *Lion regardant marcher une tortue*, les *Lionnes couchées*, le *Cavalier maure*, le *Combat d'Arabes*, le *Cavalier arabe*, le *Lion déchirant un homme*, le *Lion dépouillant un os*, la *Mort d'Hippolyte*. J'en passe, et des meilleurs.

Les aquarelles de Delacroix sont charmantes. Quelques-unes ont une importance de premier ordre, comme, par exemple, celle de ce lion majestueux qui semble s'inquiéter si peu du serpent qui se tord sous sa patte puissante. Je signale à la hâte des études de fleurs, de

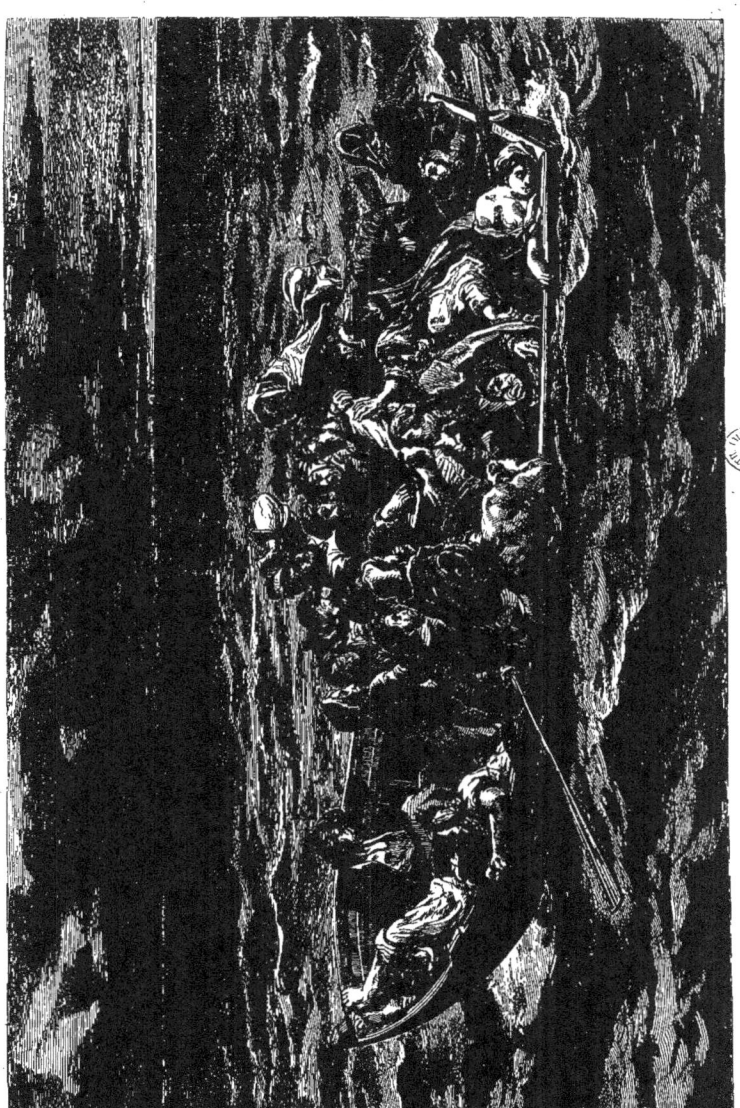

LA BARQUE DE DON JUAN
(Gravure de l'Illustration.)

falaises, de femmes, de cavaliers, des bouts de paysages, des bouts d'esquisses, et enfin, dans un grand cadre, seize lithographies d'après les principales scènes d'*Hamlet*, où se retrouve au plus haut degré le génie dramatique de Delacroix. Parmi ces lithographies, trois ou quatre sont inédites, et quelques-unes sont de toute beauté. Voilà bien Delacroix avec sa noblesse native, son âme de feu, son cœur violent et sa mélancolie pénétrante! Hamlet, c'est lui, tour à tour caressant, étrange, terrible, élégant, farouche, insatiable, affamé d'idéal. Quel malheur que les épreuves qu'on offre au public soient tirées avec si peu de soin, et gardent un aspect charbonneux, dur et désagréable!

Arrêtons-nous : nous voici presque hors d'haleine, sinon lassé d'admiration.

Eugène Delacroix est l'honneur de notre temps, l'orgueil de la peinture française. A aucune époque, je n'hésite pas à le dire, la France n'a produit un artiste à sa taille; grâce à lui, nous n'avons plus rien à envier aux Vénitiens et aux Flamands. Comme Rubens, comme Titien, il est entré dans la grande famille des maîtres, et son nom est aussi impérissable que les plus grands noms de l'histoire.

Je dois à Eugène Delacroix les plus pures, les plus vives émotions de ma jeunesse; il m'a fait aimer d'un amour plus profond les poètes qui l'inspiraient, et j'ai voyagé, grâce à lui, sur les routes idéales qu'il parcourait sans se lasser. J'aurais voulu élever un véritable monument à sa gloire, et parler de lui d'une façon digne de lui. Je sens combien je reste, dans l'expression, au-dessous de ce qu'il mérite, et je ne compte que sur la sincérité de mon admiration pour faire oublier l'infimité de mon hommage.

HENRY DE LA MADELÈNE.

(*Nouvelle Revue de Paris*, livraison du 1ᵉʳ septembre 1864.)

L'article qui suit a été publié le lendemain même des funérailles de M. Eugène Delacroix. J'aurais pu le refondre dans l'*étude* destinée à la *Nouvelle Revue de Paris*, et éviter ainsi certaines redites. Toutes réflexions faites, je le réimprime sans y changer un mot. Je l'ai écrit, il m'en souvient, l'âme serrée et le cœur gros : à défaut d'autre mérite, je tiens à lui laisser l'accent spontané des œuvres faites sous le coup de l'émotion vive.

La mort de M. Eugène Delacroix a causé dans Paris la plus douloureuse surprise ; peu de gens le savaient malade, personne ne le croyait en danger. L'émotion publique a été profonde et la foule qui l'accompagnait hier à sa dernière demeure a prouvé que tout ce qui est intelligent s'est senti frappé en plein cœur.

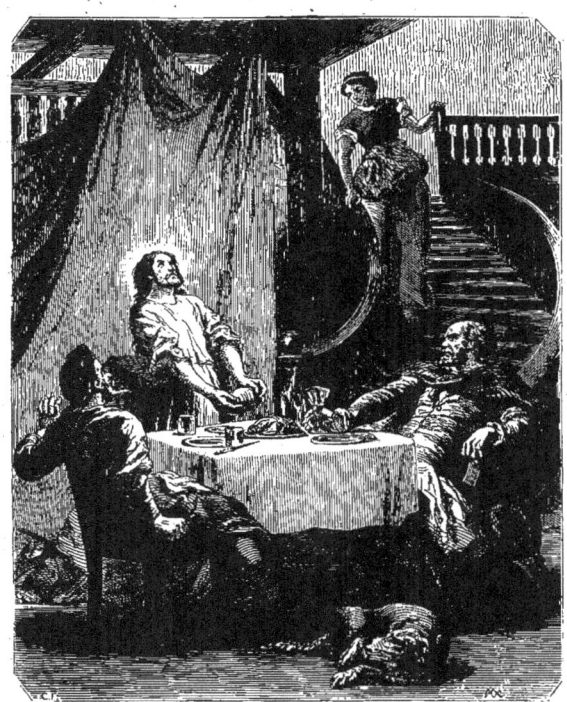

DISCIPLES D'EMMAÜS.

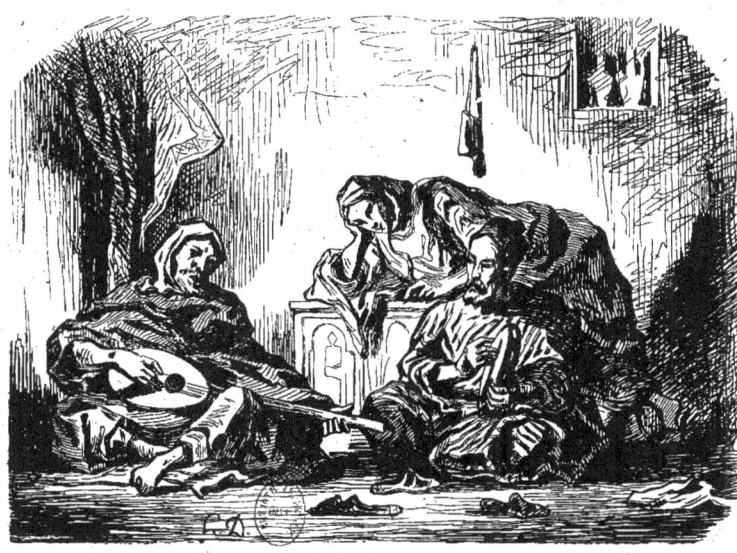

LES CHANTEURS MAROCAINS.
(Gravures de l'Illustration.)

On peut mesurer aujourd'hui la grandeur de la perte au vide immense, fait tout d'un coup, en France, par la disparition de ce seul artiste. M. Eugène Delacroix était notre contemporain dans le sens le plus rigoureux du mot. Il vivait de notre vie, partageait nos passions, les ressentait avec une vivacité extrême, et nul, mieux que lui, n'en a rendu le caractère et l'accent. C'était *notre* peintre, le peintre de notre temps; comme Gros, comme Géricault, il passionnait, il entraînait, il fascinait; comme eux, il était attaqué, nié, honni par la meute des pédants et des sots ; il faudrait le coucher dans la même tombe qu'eux, et avec lui ce drapeau qu'il a, jusqu'au dernier jour, tenu haut dans sa main vaillante.

Je laisse à d'autres le soin de raconter la partie anecdotique de cette vie d'artiste si pleine et si noble. Ces lignes rapides ne sont pas une biographie. Je ne veux que rendre un dernier hommage à l'homme de génie que la mort vient d'abattre et témoigner une dernière fois de mon admiration pour son œuvre et de mon respect pour sa mémoire.

Ma première entrevue avec M. Eugène Delacroix remonte à quinze ou seize ans, et je n'oublierai jamais l'impression extraordinaire qu'il fit sur moi. Je m'étais figuré, par l'imagination, un personnage grand et fort, carré d'épaules, doué de la puissante santé de Rubens, et je me trouvais en face d'un homme mince, grêle, maladif, frileux et douillet. Son épaisse chevelure noire faisait cruellement ressortir l'aspect déjà flétri de son teint; il avait l'air d'un convalescent à sa première sortie. Mais de quel éclat brillaient ces yeux mobiles, étincelants sous ces sourcils épais ! Quel sourire ironique courait sur ces lèvres pâlies ! On devinait tout de suite une de ces organisations féminines, tout nerf et passion, enveloppe chétive et ressorts d'acier.

Craintif, inquiet, plein de précautions, il frémissait comme la sensitive et se repliait sur lui-même au moindre contact étranger. Sa méfiance était extrême ; elle est allée souvent jusqu'à une sorte de sauvagerie, et, pour beaucoup de monde, il reste un artiste hargneux, insociable et invisible.

Mais s'il se livrait difficilement, avec quelle plénitude il s'abandonnait quand il s'était assuré de la sincérité et de la sympathie ! Comme il ouvrait son âme en même temps que son esprit ! Très-lettré, très-instruit, bon historien, bon poëte même, c'était le causeur le plus charmant, le plus subtil, le plus délié qu'on pût entendre. Ceux qui ont eu le bonheur et l'honneur de vivre dans son intimité savent ce qui s'était amassé de trésors dans cet esprit libre, pénétrant, raffiné, plein de soudainetés et d'éclairs.

La vie de M. Delacroix n'a été qu'un long combat. Pendant quarante ans, il est resté sur la brèche entouré d'ennemis, compromis plus que secouru par ses amis même, soutenu par la seule force de son invincible conviction. Rien n'a pu prévaloir contre l'inébranlable fermeté de son âme. Aux clameurs irritées qui s'élevaient de tous côtés contre lui, l'artiste ne répondait que par des chefs-d'œuvre. Dédaigneux et fier, il entendait à peine le bruit des cohues affolées que chacune de ses toiles ameutait devant elles. Il laissait les pédants bavarder à leur aise et les cuistres crier au scandale. C'était le temps des discussions brûlantes : romantiques et classiques, dessinateurs et coloristes, luttaient avec une ardeur que nous avons quelque peine à concevoir dans notre torpeur d'aujourd'hui. M. Delacroix ne perdit pas son temps en vaines querelles : il agit; il peignit de grandes toiles, au lieu de discuter ces thèses stériles sur lesquelles l'accord ne se fera jamais.

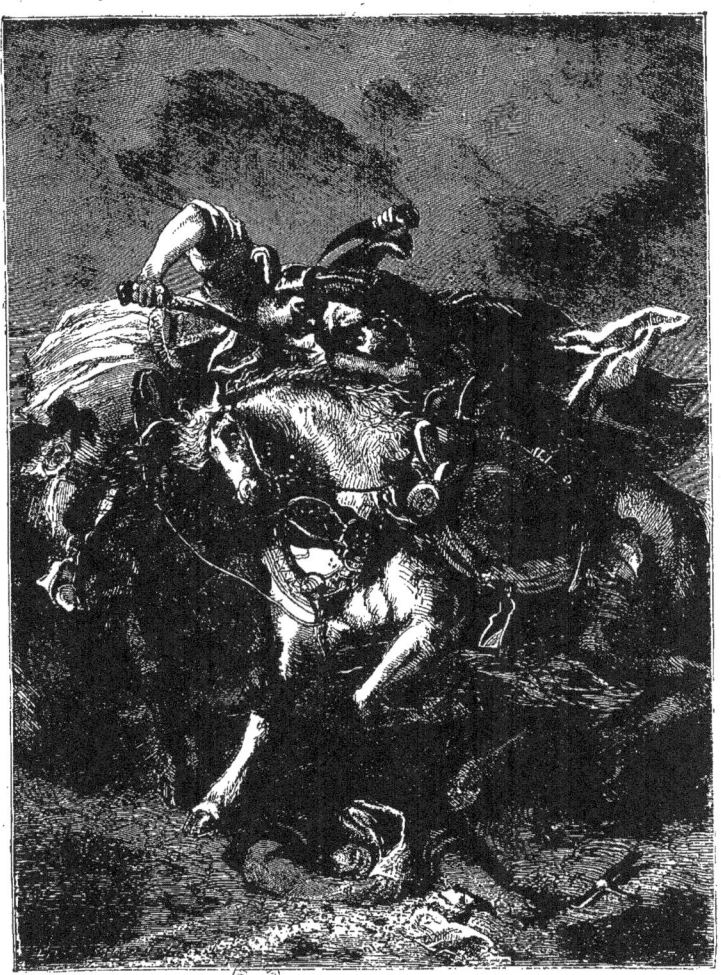

LE GIAOUR ET LE PACHA.
(Gravure du *Monde illustré*.)

La nature colore et dessine à la fois; les maîtres obéissent à leur tempérament particulier. Est-ce que Raphaël exclut Rembrandt ou Ribera? est-ce que Paul Véronèse détruit Zurbaran? Qui ne voit qu'il y a deux sortes de maîtres : — ceux qui ont la contemplation placide et sereine de la nature humaine, qui voient l'homme au repos et qui le divinisent, pour ainsi dire; — ceux qui le voient tel qu'il est, avec ses passions, ses faiblesses, ses agitations et ses misères, toujours en lutte contre la nature et contre lui-même? Les premiers font de l'homme une sorte de spectre immobile et sans vraisemblance, que rien ne rattache à l'humanité, et qui semble vivre d'une vie sans âme, sous une forme vivante, dans un milieu impossible. Les seconds le mettent en plein air, dans les déserts, sur les monts, sur les eaux, sous les chênes. Ils lui font respirer notre vie même, dans nos conditions d'ombre et de lumière, et ils convient la nature extérieure à prendre sa part des émotions humaines.

Eugène Delacroix appartenait exclusivement à cette famille des vivants et des pathétiques que les sots accusent de matérialisme grossier. Le matérialisme n'a pas cette force de sentiment, cette puissance d'émotion qui soulève les âmes et les élève jusqu'à l'extase. Que peut vous dire le Christ idéalisé des Byzantins, dans sa froide et sereine impassibilité? Mais le *Christ en croix* de Rubens, furieusement percé du coup de lance, le *Christ mourant* de Delacroix, qui les oublie, qui peut les oublier? Ce ciel tourmenté, bourrelé de nuages sombres, ce soleil sanglant, ces ténèbres, n'ajoutent-ils rien à l'horreur d'une scène horrible? Ce corps pantelant et enfiévré, ces chairs moites et meurtries, n'est-ce donc rien dans la représentation de la Passion du Fils de l'Homme? Faut-il peindre le sang avec de la laque carminée, ou plutôt faut-il renoncer à le peindre?

Quand on se souvient que le *Prisonnier de Chillon* a pu être sérieusement comparé à un marinier remorquant péniblement une barque, que penser des critiques de ce temps? Que suis-je donc alors, moi qui m'émeus devant cette toile? Où sont mes yeux? Comment puis-je voir tant d'élan, deviner tant de douleur, entendre un tel cri? Et si les matérialistes seuls font ces prodiges, la question n'est-elle pas vidée?

Que de sottises n'a-t-on pas dites et redites sur le dessin de Delacroix? Vicieux, extravagant, caricatural, informe, c'était une horreur pour les calligraphes. Que pouvaient en effet comprendre les admirateurs des Favarger ou des Vital dans ce dessin cursif et parafant, prompt comme la parole même, né d'une inspiration impérieuse et qu'il fallait fixer au vol, pour ainsi dire? L'énergie, l'accent, le caractère, la vie, la saillie, y sont au plus haut degré, et je trouve en eux, ce me semble, cet éclat foudroyant et cette incorrection des improvisations enflammées de Mirabeau.

Eugène Delacroix portait en lui une de ces âmes ardentes, toute chargée d'intelligence comme une atmosphère orageuse d'électricité. Il avait la mélancolie et la tristesse des cœurs déchirés. Il savait la vanité, l'égoïsme, la lâcheté des hommes, et il s'était fait en lui un grand détachement de toutes choses. Il n'a jamais aimé que la Gloire, mais constamment, fermement et jusqu'à la fin. Cet amour fervent l'a soutenu, consolé; il suffit à expliquer cette vie laborieuse et solitaire.

Si, chez lui, l'esprit, la culture, la droiture naturelle n'avaient été toujours là pour régler les passions et les mouvements de son âme, le cachet de ses œuvres serait l'outrance, la virulence primitive et même la violence sauvage. Le sentiment vif de la beauté, l'amour du grand, l'expansion de la vie, l'énergie de l'action, étaient en lui comme un incessant bouillonnement. Son horreur du commun, du mesquin, du petit, lui fait souvent forcer un mouvement pour le rendre plus sensible, exagérer un geste pour le rendre plus frappant, abonder avec excès dans le sens de la nature, pour ne pas rester au-dessous d'elle et pour l'outre-passer. En haine de la froideur, il va jusqu'à la violence;

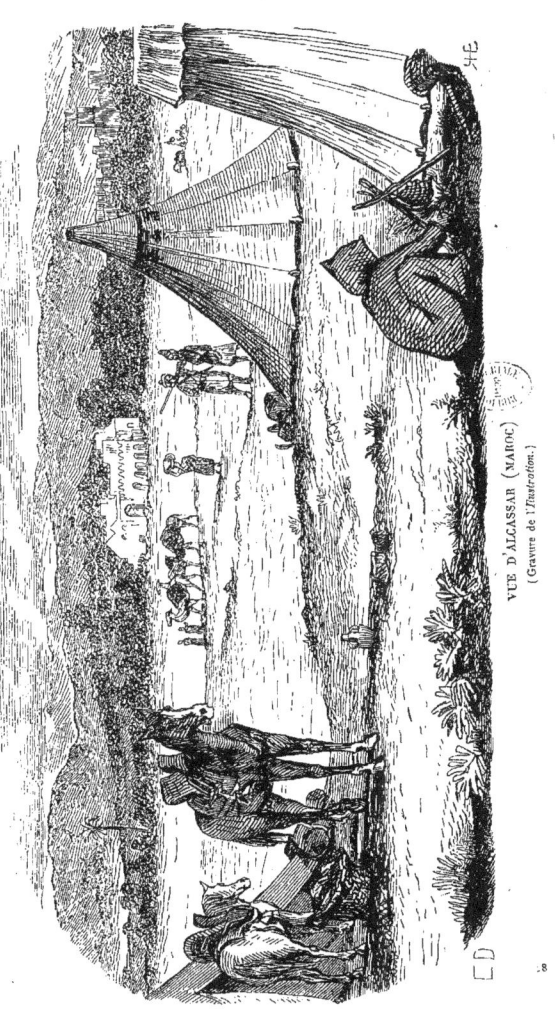

VUE D'ALCASSAR (MAROC)
(Gravure de l'Illustration.)

en haine du plat, jusqu'à l'enflure. C'est, par excellence, le peintre de la pompe, de l'éclat et de la vaillance.

Une des choses qui le choquaient le plus, c'était de s'entendre traiter d'artiste fougueux, ou de ne voir reconnaître dans son talent que la fougue. Cette passion, cette flamme, cet élan de cheval libre, cette ardeur instinctive, il les avait certes au plus haut degré, et l'on pourrait appeler cela l'admirable *animalité* de son talent ; mais ce qu'il avait aussi, ce que peu de gens ont vu en lui, c'est la retenue, la contension, le refrénement constant pratiqué sur lui-même. Il m'a souvent fait penser à Frédérick Lemaître, ce poëte du geste, qui donne tant d'accent aux choses passionnées, par le refroidissement soudain de ses emportements. Comme Frédérick, comme Shakespeare, Delacroix a mêlé souvent et volontiers le bouffon au tragique, le grotesque au noble, mais avec quel tact merveilleux, quelle mesure parfaite et quel bonheur par moments ! Il y a dans tout son œuvre une prodigieuse intensité de sentiment et d'expression, un raffinement merveilleux d'observation et de nuances, un choix exquis de choses bien trouvées, de détails pleins de goût, une logique, un enchaînement admirables, comme dans un drame enlevant.

Le feu de l'impression première n'était pas, chez lui, feu de paille : l'étude l'épurait sans l'éteindre, la flamme restait comme le feu sacré de la Vestale. Toutes les nuances, toutes les subtilités du moraliste se retrouvent dans l'expression de ses figures. Il imprima un caractère profond à tous les âges de la vie : du fossoyeur au prince, même observation, même vérité. Maître dans le geste, par la sincérité de la passion et la spontanéité du sentiment, maître dans la mise en scène, admirable stratége, faisant évoluer les groupes avec aisance et les reliant sans effort dans les compositions les plus populeuses, il fait tout concourir à un but unique ; tout se tient dans ses toiles et tout est pondéré.

Je détache de l'excellente notice que M. Théophile Silvestre lui a consacrée, la page suivante, qui résume brillamment l'œuvre tout entière du maître :

« L'homme est toujours poursuivi par le malheur d'un bout à l'autre de l'œuvre de Delacroix; il trempe la terre de sueur, de sang, de larmes, et marche toujours en avant sous le fouet de la Destinée. — Rarement il prend un moment de repos; ce n'est guère que dans le tableau de la *Noce juive* qu'il semble se réjouir; dans tous les autres on entend retentir la voix de la Désolation.

« Les insurgés de la *Barricade* s'enivrent de poudre et de soleil au fond d'un quartier noir et tortueux de la vieille *Cité*, entre l'Hôtel-de-Ville qui les mitraille, l'Hôtel-Dieu qui les repousse, et la Morgue qui les attend; hommes et chevaux sont précipités du haut des parapets du pont de *Taillebourg; Hamlet* promène ses tourments, *Lady Macbeth* ses épouvantes, *Othello* ses fureurs, et le cadavre d'*Ophélie* flotte dans la rivière aux longs herbages.

« Voici *Faust, Marguerite, Méphistophélès, la Mort de Valentin, Marino Faliero, Sardanapale, l'Évêque de Liége, le Prisonnier de Chillon, Lara, le Giaour, Boissy d'Anglas, les Croisés à Constantinople, les Convulsionnaires de Tanger*, les passions, les crimes, les malheurs de l'histoire, les sombres rêves des poëtes. Non-seulement le peintre exalte à l'infini la physionomie de ses héros, mais il nous les fait voir, je ne sais par quelle magie, à travers des couleurs dont chacune rappelle à la fois un trait de la nature et une aspiration de l'âme. Il poursuit entre le bleu et le vert l'immensité du ciel et de la mer, fait retentir le rouge comme le son des trompettes guerrières, et tire du violet de sourds gémissements. C'est ainsi qu'il retrouve dans la couleur les chants de Mozart, de Beethoven et de Weber.

« Il ouvre à l'imagination des profondeurs inouïes dans le champ de ses tableaux, et ne cesse d'agrandir la carrière à la dévorante activité de l'homme; il environne à perte de vue le triomphe des *Croisés*

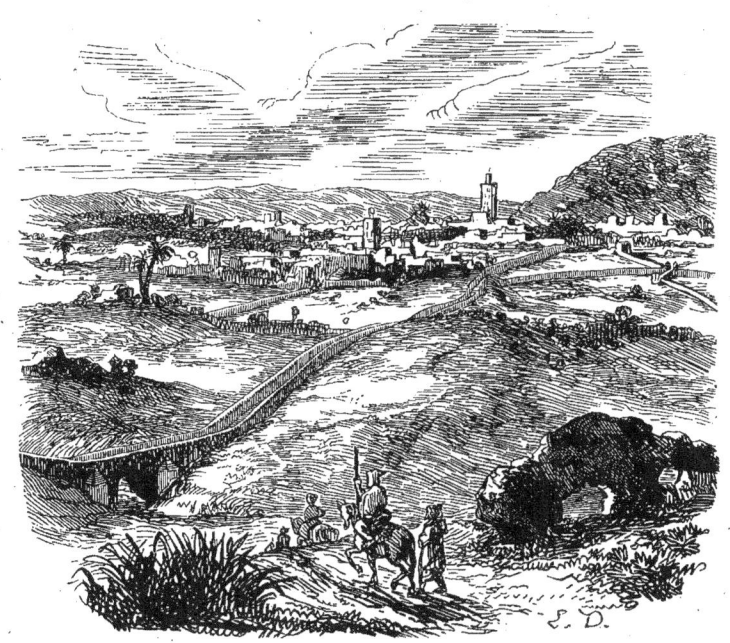

VUE DE MÉQUINEZ.

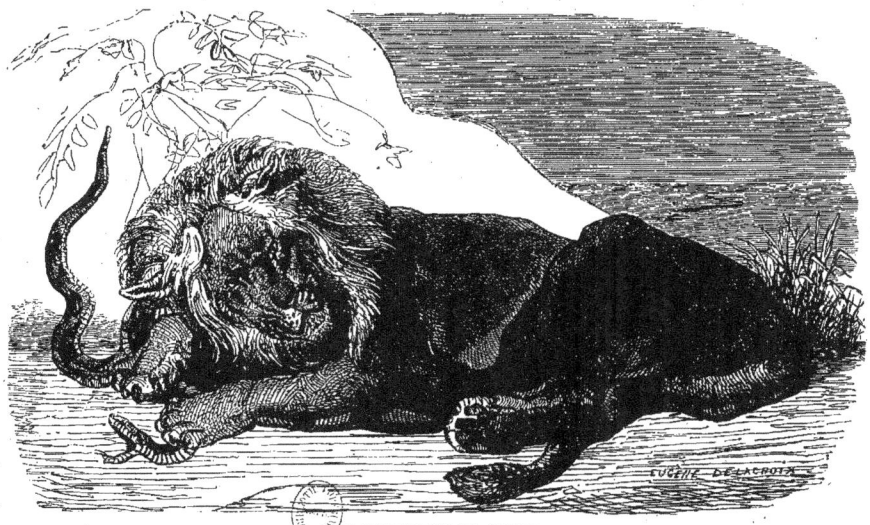

LION MAINTENANT UN SERPENT.
(Gravures de l'*Illustration*.)

du panorama féerique de Constantinople; un ciel chargé de neige et la monotone étendue des plaines de la Lorraine ajoutent à l'effet de la *Bataille de Nancy*, dont les légions s'entre-choquent avec tant de furie. Tantôt l'artiste pathétique engage deux armées dans l'étroit passage d'un pont, comme à *Taillebourg*, pour renforcer le carnage par une lutte corps à corps; tantôt il souffle comme un démon tous les feux de l'orgie et du meurtre dans l'âme des Liégeois révoltés, et jette leur évêque éperdu, fou de terreur, au milieu de ses convives ameutés. Mais Delacroix atteint le dernier terme du fantastique et du terrible dans le *Boissy d'Anglas*. Le peuple s'engouffre comme un fleuve colère dans l'enceinte de la Convention nationale. Murailles, escaliers, galeries, craquent et chancellent; ouvriers, clubistes, guenillards, montent les uns sur les autres en se cassant les membres; les représentants restent immobiles; le président contemple sans frayeur la tête sanglante de Féraud qui lui est présentée au bout d'une pique, et les tricoteuses penchées du haut des tribunes éclatent en tonnerres d'applaudissements. Un jour rare glisse péniblement dans la salle par-dessus les têtes qui foisonnent; la poussière soulevée par les trépignements vole en tourbillons dans cette atmosphère orageuse traversée par l'éclair livide des baïonnettes. »

Qu'ajouter à ces lignes éloquentes?

Eugène Delacroix a eu son heure triomphale. A la grande exposition de 1855, ses toiles réunies pour un moment étonnèrent le monde habitué à l'entendre traiter de barbare. Elles rayonnaient de leur propre lumière, écrasant tout autour d'elles. Le *Massacre de Scio* apparaissait aussi vigoureux, aussi lumineux qu'en 1824; la *Barque du Dante*, le *Naufrage de Don Juan* attiraient la foule comme trente ans auparavant. Il n'y eut qu'un cri, et, dans sa retraite modeste, le Maître ravi put entendre ce cri qui le vengeait de quarante ans d'avanies, de sottises et d'injures.

Et maintenant tout est fini! La vie immortelle a commencé pour lui en même temps que la postérité. Eugène Delacroix fut le plus grand des peintres de nos jours; il sera, je le crains bien, le dernier grand peintre du monde!

Henry de la Madelène.

(*Nain jaune*, 19 août 1863.)

Ce mercredi

Mon cher Monsieur,

Je me suis rappelé encore quelques petites choses mais peu importantes pour le catalogue. Vous pouvez mettre qu'en fait de compositions tout arrêtées et parfaitement nettes au net et prêtes pour l'exécution j'ai de la besogne pour deux existences humaines et quant aux projets de toute espèce, c'est-à-dire de la matière propre à occuper l'esprit et la main j'en ai pour 400 ans ; j'ajoute si j'ai le temps de me promener comme mes honorables confrères, qui j'espère, pour la plupart, trouveront du temps de reste pour tout après ils sont du leur cerveau.

Eug. Delacroix.

(Gravure de l'*Autographe*.)

www.ingramcontent.com/pod-product-compliance
Lightning Source LLC
Chambersburg PA
CBHW071201240526
45470CB00017B/939